PÉTITION

AUX FINS

DU RÉTABLISSEMENT LÉGAL *

DE LA GARDE NATIONALE

DE PARIS,

BASÉ SUR LA NOUVELLE LOI DES COMMUNES.

A MESSIEURS LES DÉPUTÉS DES DÉPARTEMENS,

(SESSION DE 1829.)

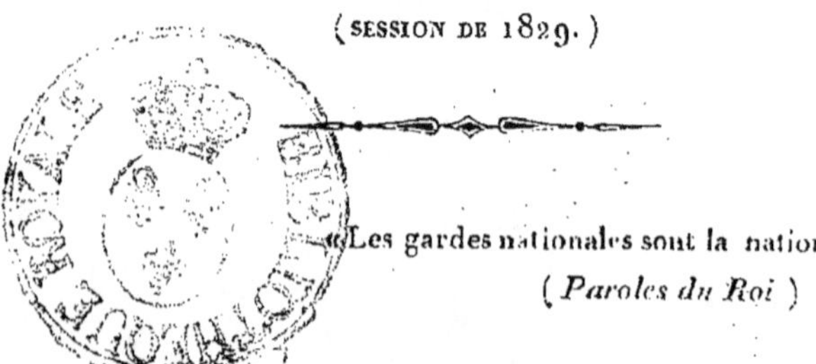

« Les gardes nationales sont la nation e le même. »

(*Paroles du Roi*)

CITOYENS, NOBLES ET LOYAUX REPRÉSENTANS

DE LA NATION,

Vous n'avez pas oublié à quelle époque funeste se rattache le licenciement de la Garde nationale parisienne. Un ministère, que vous avez justement flétri en le surnommant *déplorable*, avait en main les rênes de l'état. Son administration était chaque jour marquée par les actes les plus révoltans et de l'arbitraire et de l'iniquité ; rien

---

* *Requête aux mêmes fins*, in-8°., chez Moutardier, libraire. Prix : 2 fr. La Pétition et la Requête sont déposées à la Chambre des Députés.

ne pouvait assouvir sa fureur : félonies, intrigues, cabales, violations de la Charte et de toutes les lois, vexations, faux électeurs, subornations, trahisons, concussions....., tout fut mis en œuvre par d'inhabiles [ministres pour parvenir au but criminel qu'ils se proposaient. C'est en vain qu'on criait contre tant de crimes et d'abus ; c'est en vain que, de toute la France, retentissaient les accusations qui devaient faire frémir ces coupables, qui doivent bientôt paraître devant leurs juges : ces ennemis du trône et de la nation en imposaient au prince, et ils sévissaient avec plus de fureur que jamais contre les hommes courageux qui ne craignaient pas, en les accusant, de braver la vengeance et la haine des traîtres dont ils démasquaient les affreux complots. On eût dit que l'enfer, exprès pour déjouer toutes les combinaisons de l'esprit humain, avait précipité au milieu de nous quelques monstres pour nous déchirer !

Cependant le peuple français ne contenait plus l'indignation dont il était animé ; il fit éclater son mécontentement, et bientôt le Roi fut prévenu. Mais que peuvent les sages conseils contre l'astuce et la fourberie ! Ces conspirateurs changèrent de tactique ; ce ne fut plus par des combinaisons de cabinet qu'ils cherchèrent à accabler le peuple : ils le bravèrent ouvertement par un coup d'état, persuadés que l'indignation et le mépris qu'ils inspiraient depuis long-temps à la population de la capitale, l'exciteraient à commettre quelque acte, dont la répression est d'avance pour eux un délice ; ils engagèrent le Monarque à passer la revue de la Garde nationale.

Le 29 avril, la Garde est sur pied. Le Monarque admire la tenue brillante et respectueuse de tant de citoyens en armes; il reçoit avec bonté les preuves d'amour et d'attachement de sa Garde fidèle et de tout un peuple accouru pour contempler les traits d'un Prince justement adoré. Touché de tant d'amour, le Roi ordonne qu'on témoigne sa satisfaction, par un ordre du jour, à la Garde parisienne. L'ordre est préparé, et, le jour même que les soldats citoyens vont recevoir les paroles bienveillantes de leur auguste chef, cet ordre est retiré, et la Garde est licenciée !!!

A peine l'ordonnance de licenciement fut-elle publiée, que toute la capitale offrit l'aspect d'une ville assiégée par des forces immenses. On ne reconnaissait plus cette population, qui, la veille encore si spirituelle, si gaie, si folâtre, élevait jusqu'aux cieux, avec enthousiasme, le nom révéré de S. M.; frappée alors dans ses affections, dans son honneur, elle était morne, abattue, silencieuse !..... On aurait pu croire, à la défiance de tous les habitans entre eux, que la France conspirait en faveur de sa liberté.

Cet affront, fait sans motif à quarante mille citoyens, fut bientôt connu de toute la ville et de la France, et chacun cherchait à deviner la cause d'une mesure aussi acerbe, aussi injuste, aussi atroce. La tribune nationale retentit, et, alors pour la première fois, alors on connut, ou du moins on soupçonna, par les aigres discours de quelques députés conspirateurs à la solde du ministère, les motifs de la funeste et brutale ordonnance. « Les ministres, a-t-on dit, ont frémi à l'aspect du roya-
» lisme des Gardes nationaux ; ils ont entendu quelques
» cris accusateurs!..... Ils ont craint pour leur sûreté
» personnelle, tant est grande et juste la haine qu'on

» leur porte!..... Ils veulent éviter une seconde entrevue
» du Roi et du peuple : ils ont juré la mort de la Garde
» parisienne!..... » Le lendemain tout fut consommé :
un nouveau crime vint augmenter le nombre des forfaits
de ce ministère d'outrageuse mémoire.

Vous les avez entendues, Messieurs, ces accusations
mal fondées de la majorité de la Chambre d'alors, de
cette Chambre presque toute vendue? Vous avez entendu tout ce que l'injustice, appuyée sur la force et la
présence des baïonnettes, reprochait à nos soldats citoyens! Vous savez que quelques déloyaux mandataires
de la nation osèrent accuser les Gardes d'avoir mêlé les
cris d'indignation et de mépris, *à bas Villèle! à bas les
ministres!* aux cris d'amour et de fidélité : *vive le Roi!
vivent les Bourbons!* et que le premier mouvement de
quelques félons fit dissoudre le corps entier de la milice
indépendante.

Mais, disons-le avec franchise et fermeté, si tel fut le
motif du licenciement; si, comme on l'a avancé et prouvé,
un seul des vingt-cinq mille Gardes, qui étaient sous les
armes au Champ de Mars, osa s'avancer vers le Prince et
lui présenter un placet contre ses ministres, le Prince ne
devait-il pas consulter les antécédens honorables des soldats citoyens, et comparer les services éminens qu'ils
avaient rendus à sa famille, avec l'action d'un seul? Mais
non : les cris *à bas Villèle! à bas les ministres!* furent
étouffés par les cris des ministres eux-mêmes : *A bas la
Garde nationale! mort à la milice parisienne!* et ceux-ci
triomphèrent.

Enfin, Messieurs, après avoir accablé la France de
toutes sortes d'humiliations et avoir, en dernier résultat,

excité la guerre civile dans le sein de Paris et fait couler le sang français dans les rues de la capitale, ce ministère, abandonné tout-à-coup par ses propres sicaires, abhorré de tous, même des malfaiteurs, fut contraint de céder aux cris accusateurs qui s'élevaient contre lui : il s'enfuit, chassé, honni, méprisé, se cacher dans la Chambre des pairs où la justice va l'atteindre.

Un nouveau et loyal ministère a succédé aux conspirateurs, et, depuis la chute de ces perfides, la nouvelle administration n'a pas encore rendu justice à la population de la capitale. Est-ce que les conseillers actuels du trône oseraient s'opposer à cet acte de la plus éclatante réparation ? mais alors ils se déclareraient complices des *déplorables* et devraient s'asseoir avec eux sur les bancs de la prévention. Que le ministère Villèle et consorts soit jugé : la France l'ordonne ainsi ; mais que nous n'ayons pas du moins l'affreuse certitude de la nécessité de trouver de nouveaux coupables. Si *les déplorables* ont eu des complices, faisons des vœux pour qu'ils ne se rencontrent pas dans les conseillers actuels du trône, et que la Garde nationale de Paris ne se trouve pas contrainte de voir un ennemi dans la personne de chaque ministre

Vous savez, Messieurs, si cette Garde nationale est digne de votre sollicitude, de vos hommages ; si elle mérite que le trône et les représentans de la nation lui accordent l'éclatante réparation qu'elle sollicite comme un acte de justice et non comme une faveur. Vous connaissez les services importans qu'elle a rendus à l'État, à la famille des Bourbons, à la capitale et à vous-mêmes, depuis son établissement, et aux diverses époques critiques où nous nous sommes trouvés jusqu'en 1827. Nous avons énuméré ces services dans notre requête; il est inutile de les rapporter ici. (*Requête*, page 13, ch. 1.)

Vous savez aussi, Messieurs, s'il est urgent de rétablir la Garde nationale de Paris. Rappelez-vous que le sang de vos concitoyens fut versé dans les rues Saint-Denis et Saint-Martin, et que la guerre civile n'aurait pas éclaté avec de tels résultats, si la Garde parisienne n'avait pas été licenciée. Rappelez-vous que sa présence sauva plusieurs fois le trône et votre assemblée, et que son absence livre nos plus chers intérêts à l'arbitraire de l'administration, à la fureur des troupes soldées, à l'égoïsme, à l'indifférence et à la cupidité des troupes mercenaires dont l'aspect est une offense pour tous le jeunes Français, aussi dignes que les Suisses de défendre la monarchie. Que l'on vante tant qu'on voudra le courage et la fidélité des Suisses, nous sommes prêt à leur payer le tribut d'éloges qu'ils méritent; mais souvenez-vous, Messieurs, de leur conduite au 10 août : par leur imprudente défiance ils causèrent un grand désordre, car ils n'avaient aucun intérêt à défendre le château où le Roi n'était plus, et ils massacrèrent le peuple qui se fit promptement justice. (*Requête*, page 30.)

Vous savez, Messieurs, si le licenciement de notre Garde parisienne fut justifié par la conduite qu'elle tint pendant la revue du 29 avril 1827. Vous devez aussi vous rappeler que sa conduite, dans ce grand jour fut l'objet des éloges unanimes de tous les journaux d'alors tant constitutionnels que ministériels. (*Requête*, chap. 3 et 4.)

Rappelez-vous encore que la commission nommée dans votre sein pour examiner l'acte d'accusation lancé contre le dernier ministère, a reconnu que rien ne justifiait le licenciement de la Garde ; que plusieurs personnes appelées par cette commission, refusèrent de se rendre auprès d'elle pour *dire la vérité*. Ce refus a prouvé qu'ils n'avaient rien à reprocher à la Garde, et s'ils eussent parlé elle serait depuis long-temps réorganisée.

Ici, Messieurs, on ne peut s'empêcher de faire une triste réflexion, de déplorer la funeste influence d'un fatal génie pour arrêter les démarches de votre justice. Deux hommes refusèrent de se rendre à l'invitation de votre commission, MM. Foucaut et Lévis. Ce qu'il y a de plus honteux dans ce refus d'obtempérer à un grand acte de justice, c'est que le comte de Lévis oubliant à-la-fois et ce qu'il devait à l'honneur et ce qu'il devait à la justice des hommes, ce qu'il devait à quarante mille citoyens aussi dévoués que lui à la Charte et à la monarchie, et ce qu'il devait à la représentation nationale dont il faisait partie, répondit insolemment *qu'il ne devait rendre compte de ce qu'il voyait dans l'exercice de ses fonctions, qu'au Roi et aux Princes.* Aussi, Messieurs, cette audace d'un soldat *à la solde de la nation* vous fut-elle signalée par l'éloquent rapporteur de votre commission, sur le désir de la majorité de ses membres.

Si le célèbre Manuel, de glorieuse mémoire, fut expulsé de la Chambre des députés pour quelques mots plus ou moins répréhensibles, que ne doit pas faire la représentation nationale à l'égard d'un homme qui refuse d'éclairer les juges institués par elle ? la commission était nommée par vous ; en foulant aux pieds, en bravant les

ordres de votre commission, c'est vous tous que ces trans-
fuges de la justice ont prétendu insulter. (*Req.*, p. 53-54.)

Aujourd'hui, Messieurs, les paroles du Monarque
français ont en partie ramené la confiance que le dernier ministère nous avait ravie : nous pouvons espérer le
retour de l'ordre légal et le bonheur de la nation. Une
loi communale et départementale va être soumise à vos
méditations et répondre aux vœux du peuple et à ses
besoins. Cette loi doit servir de base à la réorganisation
des Gardes nationales qui, dans les circonstances, sau-
ront la maintenir et la faire exécuter.

D'après tous ces motifs et attendu,

1°. Que la Garde nationale de Paris existait depuis un
temps immémorial ; qu'elle est arrivée jusqu'à nos jours
sous divers titres, tels que *milice bourgeoise, garde ci-
vique, milice parisienne, garde nationale* ;

2°. Que sous Louis XVI elle sauva Paris des horreurs
d'une guerre civile ; que les services éminens qu'elle rendit dans tous les temps, soit aux Bourbons, soit à l'État,
soit aux représentans de la nation, soit à la ville de Paris,
lui ont mérité les plus grands éloges et la reconnais-
sance de la patrie ;

3°. Qu'elle a maintenu et rétabli l'ordre tant à Paris
qu'à Versailles, en plusieurs circonstances ; qu'elle s'est
notamment signalée à Versailles, en sauvant la famille
royale et les gardes-du-corps d'un massacre général et
presque certain, dans la funeste journée du 6 octobre ;
que Madame Adélaïde, tante de Louis XVI, en recon-
naissance d'un tel bienfait, serra affectueusement dans
ses bras M. de La Fayette, alors commandant-général

de la Garde, et lui dit : « Général, je vous dois plus que
» la vie, vous avez sauvé mon neveu ! »

4°. Qu'elle sauva encore la famille royale, en décou-
vrant et expulsant du château des Tuileries les conspirateurs connus depuis sous le nom de *chevaliers du
poignard*, parce que tous avaient un poignard ;

5°. Que cette Garde sauva l'assemblée nationale, dans
la journée du 20 juin, du massacre dont elle était mena-
cée ; qu'à cette époque, elle sauva aussi la capitale de la
fureur des partis ; que dans la journée du 10 août, jour
funeste, où les Suisses, par leur imprudence, excitèrent
leur propre massacre, la Garde nationale se distingua en
sauvant de la fureur populaire plusieurs de ces étrangers
et beaucoup de citoyens ; qu'elle parvint enfin à calmer
le peuple et à rétablir l'ordre ;

6°. Que, ce même jour, 10 août, la Garde nationale
délivra la famille de Louis XVI des mains de la popu-
lace ameutée, et la conduisit à l'assemblée des représentans ;

7°. Que, pendant le règne dit *de la terreur*, la Garde
nationale n'existant plus, par suite de l'usurpation du
pouvoir, ceux qui la firent dissoudre se livrèrent avec
leurs adhérens à toutes sortes d'excès, et que le sang ruis-
sela dans les rues : ce qui n'aurait pas eu lieu si cette
Garde eût été maintenue, circonstance qui prouve l'uti-
lité de ce corps de citoyens ;

8°. Que la Convention, pour se mettre à l'abri des fu-
reurs populaires, décréta la réorganisation de la Garde
nationale, ce qui prouve qu'on reconnaissait l'importance
de ses services ; que la Garde sauva la Convention, en avril
1796, des effets d'une émeute générale ; qu'ainsi le pre-

mier résultat du rétablissement de ce corps fut d'assurer l'indépendance de la représentation nationale ; que peu de jours après la Convention lui dut encore son salut ;

9°. Qu'à toutes les époques critiques de la révolution, de l'empire et de la restauration, la Garde nationale a toujours maintenu et rétabli l'ordre dans la capitale ; que non seulement elle a grossi nos armées actives pour repousser les agresseurs de l'Europe coalisée contre la France, mais encore qu'elle a combattu sous les murs de Paris pour l'indépendance de la nation ;

10°. Qu'à la chute de l'empire elle sauva Paris de la fureur des partis et des malfaiteurs ;

11°. Que le Roi actuel, en rentrant en France, prit le costume de la Garde nationale qui était la seule garde qu'il trouva en France ; que cette conduite du Prince prouve évidemment que la Garde nationale avait bien mérité de la bienveillance des Bourbons ; que Louis XVIII accorda exclusivement à la Garde nationale la garde des Tuileries jusqu'au 25 juin ;

12°. Que, dans le mois de mars 1815, quand la royauté avait cessé et que l'empire n'avait pas encore recommencé, quand la France était sans gouvernement, la Garde nationale de Paris, seule, maintin' le bon ordre et la tranquillité publique, si bien qu'on eût dit que c'était le gouvernement des Gardes nationaux ;

13°. Que, lors de la seconde invasion dans la capitale par les troupes plus ou moins barbares de l'Europe, la Garde parisienne signala si bien son zèle à garantir les biens et les personnes de leurs concitoyens, que le chef étranger Muffling lui témoigna par écrit sa satisfaction et son admiration ;

14°. Attendu que, lors de la bénédiction des dra-
peaux de la Garde parisienne, le cardinal de Périgord
lui offrit, au nom du Roi, le témoignage le plus hono-
rable de l'estime et de l'affection de S. M.....; que les
paroles du ministre des autels furent sanctionnées par le
Monarque et par le Prince actuel;

15°. Attendu que l'ordonnance du 9 mars 1815 a fait
de la Garde nationale un corps *essentiel* de l'état consti-
tutionnel, ce qui dérive de ces paroles : « Nous envisage-
» rons comme un attentat à notre autorité, et comme
» un moyen de rébellion, toute entreprise qui tendrait
» à *ébranler la confiance des Gardes nationales et la*
» *Charte constitutionnelle*, ou *à les* DIVISER..... » : ce
qui montre évidemment qu'on ne peut pas *diviser* la
Garde nationale et la Charte, sans violer le contrat social;

16°. Attendu que les vœux manifestés par Louis XVIII,
dans une ordonnance, pouvant n'être considérés par le
Roi actuel que comme une volonté momentanée, il sem-
blerait que S. M. ait pu les méconnaître; mais attendu
que ces mêmes vœux ont été exprimés unanimement par
la nation, et par les trois pouvoirs reconnus par la Charte;
qu'en effet, la loi du 15 mars 1815 porte :

« Voulant donner à l'armée française une marque de
» notre satisfaction et de notre confiance, et à nos fidèles
» sujets une nouvelle *garantie* de tous leurs droits po-
» litiques et civils fondés sur la Charte,

» Nous avons proposé, les Chambres ont adopté..., etc. :
» Art. 4. Le dépôt de la Charte constitutionnelle et de
» la liberté publique est confié à la fidélité et au cou-
» rage de l'armée, des *Gardes nationales* et de tous les
» citoyens; »

Qu'il s'ensuit qu'on ne pouvait dissoudre la Garde nationale sans déchirer la loi, et, par conséquent, détruire les *garanties* annoncées ;

17°. Attendu que l'ordonnance n'a pas l'effet de la loi : qu'elle n'est que l'expression d'un seul ; que la loi est l'expression de tous ;

18°. Attendu que dans tous les ordres du jour qui la concernaient, le Roi « a témoigné à la Garde des sentimens de confiance et d'amour ; que S. M. a déclaré qu'elle ne se trouvait nulle part plus en sûreté qu'au milieu des citoyens ; que le Roi a dit que la Garde a eu la gloire de préserver le trône et la patrie de ces désastres qui commencent les guerres civiles ; que, sous le rapport du zéle et du dévoûment, de la sagesse et de la discipline, elle s'est rendue digne d'être prise pour modèle par toutes les Gardes nationales de France ; que le Roi s'est félicité d'être le chef d'un corps qui faisait à-la-fois la gloire et la sécurité de la nation, et qui, après tant d'orages, donnait à l'Europe étonnée le gage de la tranquillité, dans le touchant spectacle d'un père *gardé* par ses enfans, d'un peuple *armé* pour repousser à jamais l'anarchie..... » (Paroles du Roi) ;

19°. Attendu que l'ordonnance de licenciement semble démentir ces paroles royales, ce qui amènerait à reconnaître une inconséquence que le respect pour le trône repousse ;

20°. Attendu que si le dernier ministère s'était aliéné l'esprit de la nation, à tel point qu'il fût à craindre qu'elle ne se portât à quelque acte irrespectueux envers le trône, la revue du 29 avril 1827 était une occasion de rattacher plus étroitement encore la nation au trône et le trône à la nation, ou, du moins, et dans ces circonstances, de les rallier; que S. M. a paru contente des sentimens de la Garde nationale en ce jour;

21°. Attendu que si quelques cris ont été entendus, pendant la revue du 29 avril 1827, ils ne furent proférés que par quelques hommes étrangers à la Garde; qu'elle a expulsé le seul qui ait crié dans ses rangs;

22°. Attendu que la dissolution de la Garde n'a pu être obtenue qu'en représentant au Roi la Garde nationale comme séditieuse et déloyale, ce qui est opposé à l'opinion déjà manifestée par les Princes;

23°. Attendu que le conseil donné à S. M. de dissoudre ce corps a été l'effet du ressentiment personnel des ministres *déplorables*, contre lesquels l'animadversion publique s'était manifestée; que cette animadversion était juste, puisque ces ministres sont en prévention d'accusation;

24°. Attendu que, par la loi du 15 mars 1815, un grand devoir politique a été imposé à toutes les Gardes nationales de France, celui de conserver et défendre la Charte et la liberté publique; que ce devoir, prescrit par la loi, l'a été pour nous offrir une nouvelle garantie de la conservation de nos droits civils et politiques;

25°. Attendu que les Gardes nationales étant ainsi légalement reconnues et constituées dépositaires de la Charte et de nos libertés, pour nous garantir la conservation de nos droits, elles ne pouvaient plus être détruites sans détruire en même temps une de nos garanties les plus importantes;

26°. Attendu que le brusque licenciement de la Garde

parisienne, opéré par le ministère Villèle, est la destruction d'une garantie *essentielle* de nos droits ;

27°. Attendu qu'avoir détruit cette garantie, c'est avoir trahi l'intérêt public, puisque, depuis la dissolution de notre Garde, on a vu l'administration et les gendarmes opprimer et massacrer les citoyens paisibles dans les rues de Paris, sans respect pour les lois et les droits de tous ; que ces massacres et cette oppression n'auraient pas eu lieu, si la Garde nationale avait encore existé ;

28°. Attendu qu'il importe à la population de la capitale que de tels méfaits ne se renouvellent plus, ce qu'elle ne peut éviter que par le prompt rétablissement de la Garde nationale ;

29°. Attendu que rien ne justifie la dissolution de ce corps ;

30°. Attendu que, lors même que des cris répréhensibles paraîtraient justifier cette mesure violente, il fallait respecter ce corps de citoyens, en considérant les nombreux et éminens services qu'il rendit à l'état, à la ville, au trône ;

31°. Attendu que le Roi n'avait nullement le droit de dissoudre, de sa propre volonté, la Garde de Paris, ce qui se déduit clairement de la loi du 15 mars 1815 et de la Charte elle-même ;

32°. Attendu, d'ailleurs, que le Roi a été trompé par les ministres dans cet acte comme dans bien d'autres, ce qui se déduit très clairement de la *satisfaction* qu'il avait *ordonné à M. le duc de Reggio de témoigner à la Garde après la revue;* ce qui se déduit encore de la bonne opinion qu'il avait de ce corps ;

33°. Attendu que, lors même que le Roi aurait agi

sciemment, il faut remarquer que la France est régie par les trois pouvoirs constitutionnels représentatifs de la nation, et nullement par le caprice absolu du *bon vieux temps*, et qu'ainsi une ordonnance ne peut pas détruire la garantie offerte par les lois;

34°. Attendu que cette ordonnance de licenciement est inconstitutionnelle;

35°. Attendu que la volonté générale d'une nation équivaut au moins à celle d'un roi;

36°. Attendu que si les rois ont été institués pour diriger les peuples, les peuples ne sont pas la propriété des rois; que ceux-ci doivent tout faire pour le bonheur des sujets; que ces deux vérités ne peuvent pas être foulées aux pieds sans blesser les règles du bon sens (1);

37°. Attendu que, si les peuples doivent être respectueux envers les trônes, les trônes doivent aussi se rendre aux vœux des nations; que persister à s'opposer aux désirs de toute une capitale, serait se mettre en opposition avec elle; que de cette opposition peut naître la ruine du trône et de l'état;

38°. Attendu que la sûreté générale des citoyens est laissée, par l'absence de la Garde nationale, à l'arbitraire de l'administration (2);

39°. Attendu que la nation française a été toujours représentée par la Garde nationale, ce qu'exprimait généreusement un illustre défenseur du trône et de la patrie, Rabaud Saint-Étienne, en disant : « La Garde nationale, » c'est la nation » : ce que répétait l'auguste chef de cette

---

(1) Du *Contrat Social au XIX°. siècle*, par Duplan, gros in-8°., chez Moutardier. Prix : 6 fr.

(2) *Requête*, page 71.

Garde, le Roi, dans un ordre du jour : « *Les Gardes*
» *nationales sont la nation elle-même ;* »

40°. Attendu, d'autre part, que l'organisation de ce corps
est devenue arbitraire par le système suivi par Napoléon
et ses successeurs au pouvoir ; que le meilleur système à
adopter est, à l'avis de tous les gens expérimentés,
celui qui a le plus de rapports avec les droits des
communes et des départemens, comme il fut adopté
en 1791 ;

41°. Attendu, enfin, qu'une nouvelle organisation communale et départementale va être discutée, et qu'il importe de la mettre en rapport avec le système des
Gardes nationales ;

Et par d'autres motifs que votre conscience trouvera
dans l'opinion des publicistes, dans le rapport de l'his-
toire et dans les vœux de la patrie, nous concluons à ce
qu'il vous plaise supplier S. M. le Roi de France, d'or-
donner qu'il vous soit présenté au plus tôt un projet de loi
pour organiser la Garde nationale parisienne et celles
de France, et faire coïncider cette organisation avec
le mode communal et départemental qui vous est sou-
mis ; et par provision, demander que la Garde nationale
de Paris soit réintégrée dans ses anciens droits et pré-
rogatives.

Ce faisant, vous rendrez justice à vos concitoyens, au
Roi, à l'Etat et à la Garde nationale de Paris.

J. DUPLAN,
Avocat à la Cour Royale de Paris,

Rue Mazarine, n°. 11.

IMPRIMERIE PIHAN DELAFOREST (MORINVAL), RUE DES BONS-ENFANS, N°. 34.